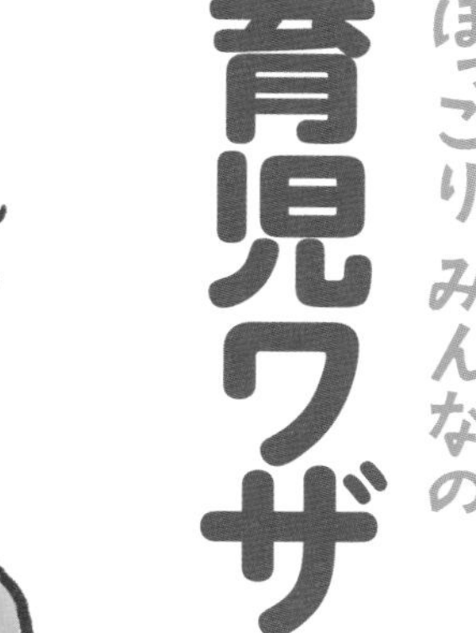
ほっこり みんなの
育児ワザ

JN047074

じゅーう
きゅーう
はーち…

大全
原あいみ

KODANSHA

こんにちは！イラストレーターの原あいみです
この本をお手にとっていただいた……ということは育児真っ最中ですか？
おつかれさまです♥
私も
娘がイヤイヤ期真っ盛りの頃……
え～……
毎日のお世話一つ一つが苦労の連続でした……
はみがき おふろ きがえなど
ボーゼン
特に娘は情熱的で……（笑）
お友だちで集まったりしても
うちの子だけスネて泣いちゃってる……とか
うちの子だけ写真に入れてない……とか
そんなことがよくあり、あの頃は悩みました……
このまま大きくなって大丈夫かなぁ
私が甘やかしすぎなのか？
そんな娘に対して、毎日あの手この手を使ってその気にさせていたのですが……
アタシガミガイテアゲル～♥
ふと
ねえ、みんなはどんな手を使ってるの……!?
他のおうちはすんなりできてたりするの？？
そんなことを思いまして……
みんなでワザを共有できたら手数が増えてラクになるかも!?
いや、ラクにならなくてもいい！みんなでただ教え合うだけでも！
そう考えました☆

とはいえ……
当時は育児に必死で……イヤイヤ期の大波が過ぎていったのですが……
ザッパーン
イヤイヤ期の大波
4、5歳くらいまで波だった気がする！（笑）
やっと今回みんなのワザをひとつの本にまとめることができました～✧
パチパチ
パチパチ
小学生になっちゃった
この本は、実際に私の周りのママ・パパたちに聞いて、なるほど！オモシロイ！と思ったワザをまとめたものです。
この頃の子どもたちって昨日はご機嫌に効いたワザが今日は全く効かないなんてこともざら!!なので……
うそ～ん
シラ～
きまぐれ。
どうぞこの本をペラペラと眺めながら……
あなた
みんなもやってんなぁ～
なんて笑いつつ
ハハハ～……
今日の育児ワザのヒントにしていただけたらと思います！
ブ～
いろいろ手をつくしたがダメな日……
さぁほっこりみんなの育児ワザ大全
はじまりはじまり～！
どこから読んでも大丈夫!!
私も読みた～い！

おきがえ

OKIGAE

あの手 この手

おきがえショー

着がえをする子どもを主役に、実況中継しながらショーのように行うワザ。例えば裏返さずにズボンが脱げたら「すごい技が出ました!! これはかなりの高得点が期待できそうです！」などフィギュアスケートの解説かのように盛り上げます。親もやれと言われたら……潔く華やかに着がえましょう！

おきがえショー
なんと裏返さずにぬいだーー!!!
おーっとこれは高得点が出そうです!!

あの手 この手

ママ・パパスタイリスト

子ども専属のスタイリストになり「本日のお召し物はどちらに？」と丁寧にお声がけしながら、必ず２パターン出して選ばせるワザ。自分で選ぶと、どうやらやる気が出るようです。

ママ・パパ スタイリスト

本日はどちらに
いたしましょう？

あの手この手

カウントダウンする

モタモタしている時、おもむろに「10、9、8……」とカウントダウンをすると、なぜか急ぎはじめます（心理は謎）。10秒で間に合わなそうな時は、わざと遅く数えて「3、～2、～1～……（すわぁぁ～ん、ぬぃぃ～い、うぃぃ〜〜ち……）」とやると、面白がってダッシュで着がえてくれる!?

OKIGAE

カウントダウンする
じゅーう
きゅーう
はーち
あせ
あせ

フリフリ登園

どうしてもバトルがしんどい時は、お気に入りのドレスを投入!! 上からドレスを着てよいという条件のもと、中に普通の服を着てもらいます。毎回は使えませんが、絶対遅刻できない日の必殺ワザとして（園に着いたら脱ぐという約束も忘れずに……）！

ごきげんに
出れた……
るん　るん
フリフリ
登園
中はフツーの服を着てる。

一緒にショッピング

服は一緒に買いに行く！　自分で選んだ服は、嬉しいのかよく着てくれるとか。たとえネット通販でも、画面を一緒に見て選ぶのがポイントです。好みのものとそうでないものは、案外はっきりと主張して教えてくれるものですよ。

一緒にショッピング
自分で選んだ服はよく着る！
どれにする？

悪役キャラで

ボ～っとして着がえない時に「しめしめ、気づかれないうちに……ヒヒヒッ」と、悪役風に服を持って近づいて行くと「そうはさせるか！」となぜかすんなり着がえてくれるというミラクルなワザ。ひと芝居必要ですが、ガミガミ叱るよりも楽かも!?

悪役キャラで
しめしめ
気づかれないうちに
こっそりはかせてしまおう…!
もうきがえたもん。
まあー!
(しめしめw)

あの手 この手

ママが着ま〜す

OKIGAE

なかなか着がえたがらない娘の服を、それならば私が着るぞと、伸びるほど本気で着ようとすると「だめー！　わたしの！」と着がえてくれます。加減を間違えると本当に服が伸びるのでお気をつけて。

じゃ
ママが着ます
これ、ママのかな？
ぐい〜〜
のったんの一!!!

キャラワッペンさまさま

大好きなキャラクターのついた服に執着し、無地の服を着てくれなかった息子。キャラクターのワッペンを全ての服につけたら、着てくれるように。キャラクターの力おそるべし、です。

キャラワッペン
さまさま
無地の服
全てキョヒ
これでどうだーー!!
ゴキゲン

モタモタとして時間がかかる朝に「で、いつも保育園ではどうやっておきがえしてるの？」と、敢えて素朴な質問を。「みてて！　すごいはやいよ!!」と、ささっと華麗なおきがえを披露してくれることも！　おきがえ以外にも色々なシーンで使えるワザですが、やりすぎるとバレるのでご注意を。

で、いつもはどうしてるの？
みてて！すごいはやいよ!!
シャッ

おでかけ

ODEKAKE

あの手 この手

車中カラオケ大会

子どもの大好きな歌を流して、みんなでカラオケ大会（ダンス付き！）！　運転手の眠気も飛ぶので一石二鳥のワザです。スマホのカラオケアプリを使ってもいいですね。

車中
カラオケ大会

さわっていいよ

新幹線などで長時間移動する時だけの特別ルール！　普段はさわらせてもらえないもの（例えばママの鍵ケースとかポーチとか）を、特別に好きなだけさわってよいというシンプルなワザです。シールやお絵かき、絵本などでも間が持たなくなることも多いので、こんなワザはいかがですか？

おでかけ編

長時間移動の際に、ご機嫌に道中を過ごしてもらうためのかわいいワザ。車の外には持ち出さないという約束のもと、姉妹そろってお気に入りのぬいぐるみをたくさん持参！　数がだんだん増えてきたので、先生のように点呼をとって、全員いるか確認をするそうです。

ぬいぐるみ同乗
全員そろってます!!
てんこ!!

あの手 この手

色当てゲーム

ある程度色が認識できるようになったら使えるワザです。空を指差して「何色でしょうか？」と質問。その時の空の色を答えるというもの。「青」や「みずいろ」など色名でもいいし、「空色」とか「〇〇みたいな色」など、答え方は無限大！　場所を選ばず、想像力も育てられる素敵なワザです。

色当てゲーム
あの空 何色ー？
えーと
みかん色

カートの力を借りる

これは、おでかけの際には素直に便利なものに頼りましょう!! というワザ（？）です。最近は子どもたちがご機嫌になるショッピングカートがたくさん出ています。少し足をのばしてでも、そういったお気に入りのカートがある場所にでかける、というのはひとつの選択肢かもしれませんね。

カートの力（チカラ）を借りる
これあると全然ちがう！

助手席におやつ完備

ODEKAKE

まだ自分でお菓子の封を開けられない小さな子とのおでかけのワザです。2人で車移動の際は、ぐずって泣かれると気が散るので、信号停車の短い時間で、サッとおやつを後部座席の子どもに手渡せるよう、いくつかを開封し、完璧に並べてから出発！

助手席におやつ完備
泣くなよぉ〜〜
封もあけてサッと渡せるようセット

今何考えてるか？クイズ

車移動の際、動画ばかり見せるのも気が引ける……なんて時は、車中みんなでクイズ大会～！　子どもが今ハマっているアニメや電車などのクイズをしてもよし、互いに「今何を考えているか？」を当て合うクイズなんかも、愉快です。車移動だけでなく、いつでもどこでも活用できるワザですね！

今何考えてるか？クイズ
ママは今、何を考えているでしょーか！
ねむいな〜
帰って洗たくめんどくさいな…！
Pean gu

カチコチアイスと格闘

これは、私がよく使っていたワザです。新幹線移動の際に、硬めのアイスクリームを買って、子どもに与える、というだけのものなのですが、これがかなり効果抜群！　カチコチに冷えたアイスはかなり硬いので、溶けて食べきるまでたっぷりと時間をかけてアイスに集中してくれます。３歳くらいから小学生まで、長く使えるナイスなワザですよ♪

ODEKAKE

カチコチアイスと格闘

指令で注意！

田舎で車移動が主だというご家族のワザです。電車移動に慣れていないので、乗る際には敢えて厳し目に「隊長」が指令を出すかのように、注意事項を言い渡す！　というもの。並び方、乗り方、降り方などをミッションのようにキビキビと説明する！　いつも優し目のお父さんが、ビシッ！と説明するので結構効くのだそうです。

並んで乗車！
降りる人が
先である！
ラジャー!!
指令で注意

あの手 この手

おもちゃをギュッ♡

好きなフィギュアや電車、車などを手にギュッとにぎらせておく、というシンプルなワザです。たったそれだけでも間が持つという、なんてかわいいワザなんでしょう……♡リュックには図鑑、クイズ本など時間を費やせる系の本もイン！　備えあれば憂いなし！

じーーー
おもちゃをギュッ♡

ぴゅ〜

登園
TOEN

あの手 この手

ゴミすて手伝って

なかなか家を出たがらないときに使うワザ。保育園（幼稚園）行くよ！　と外に出るのではなく「ゴミすて手伝ってくれる？」と頼むと、結構すんなり家を出てくれるそうです。何か「役割」を与えるというのはよいアイディアですね！

ゴミすて手伝って☆
はいはーい!!
ゴミすてする人〜!

あの手 この手

おまもりシール

とてもシンプルですが「おまもり」として、大好きなキャラクターなどのシールを手の甲に貼ってあげる、というワザ。こんな単純なことでも気持ちを切り替えるきっかけになるのですね。かわいいワザです。

おまもりシール

登園編

あの手 この手

チョリンゲーム

徒歩での登園時、寄り道している余裕がないときのワザ。マンホールのふたを踏んだら親が「チョリン！」という。それだけ！　でも、次のマンホール、次のマンホールと踏んでいるうちにいつの間にか保育園に着くという嬉しい仕組みです。ちなみに車道のマンホールを踏んだら負けで（←飛び出すと危ないから！）、マンホールの種類で効果音を変えるとより楽しいそうです！

チョリンゲーム
チョリン!
はい次～～。

しゅっぱつ しんこー！

友だちと一緒になって遊び始めてしまい、なかなか登園（帰宅）しないときの最終兵器！　長いひもを用意しておき、輪っかの中にみーんなまとめて入れて電車ごっこ！　車掌さんになり園までしゅっぱーつ！　……だそうです。ホームセンターでこれ用にひもを買ったそうですよ！　こんなパパ友さん、欲しい!!

しゅっぱつ
しんこー！
○△保育園の
みなさーん！

赤ちゃんごっこ

TOEN

寄り道したくない帰り道、ママが赤ちゃんになり「道がわからないからお家まで連れてって～」というと、家まで真っ直ぐ案内してくれるという、単純でかわいいワザです。わざと交通ルール違反をしようとすると「ダメダメ！」と正しいルールを教えてくれるので、どれくらい覚えているかの確認もできて一石二鳥なんだとか！

赤ちゃんごっこ
ぼくについてきて!!
道がわからない〜
ふえ〜〜ん

登園ミッション

園までの道中にある何か（お花やねこなど）を確認しに行く、とか、保育園のお散歩時に、何かを確認して帰宅後に報告してもらう、など、小さな『ミッション』を与えるというワザ。ミッション大好きな子どもたちなら、いつもの道も素敵な探検になるんですね。

登園ミッション
MISSION
昨日見つけたあのつぼみが咲いているか確認せよ☆
ラジャ

おり紙みせよ！

なかなか登園したがらない時、「じゃあ、作ったおり紙を先生にみせにいこうよ！」と提案したらうまくいった！そうです。そこから、おり紙や絵など、小さな成果物を先生にみせにいく、が定番に。先生との交流も生まれる、素晴らしいワザですね。

おり紙みせよ!

おり紙を先生に
みせにいこうか!!

いく。

あの手 この手

応援してね!!

これは、行きも帰りも使えるワザですね！　ぐずっている時に「ママ、自転車がんばってこぐから、応援して!!」と言うと、『自分が園に行く』から『がんばるママを応援する』に意識が切り替わるようで、すんなり自転車に乗ってくれるそうです。徒歩で送り迎えするママさんには、坂道で後ろから押してもらいながら応援してもらう、なんてワザもあるみたい♪みんな優しいなぁ♡

応援してね!!
よーしママこぐよぉ～!!
ガンバレ～

静かに

SHIZUKANI

フランスパンで時間かせぎ

飛行機など長距離移動の際に時間かせぎで使えるワザです。子どもには食べづらい、フランスパンなどのハード系のパンをおやつで渡す、というもの。食べづらいけど食べたい！ ということで、結構長い間パンに集中して静かに過ごせるのだそうですよ。

しめしめ
ガジガジ
フランスパンで
時間かせぎ

あの手 この手

ジェスチャー伝言

これは我が家のワザですが、コロナ禍でレストランのテーブルにパーテーションがあり、会話がよく聞こえなかった時にあみ出しました。声が届かない状態を活かして、ジェスチャー伝言ゲームをします。動きは少々おかしくなりますが、静かにしつつ楽しく時間を過ごせますよ。ひらがなを空に書いて当てるなんてのもアリ！

ジェスチャー伝言

あの手 この手

氷になる魔法

子どもって、嬉しさのあまりテンションが上がって、騒がしくなっちゃうことがありますよね。そんな時にはこのワザ。「とりあえず、一旦落ち着け！」という意味で「氷になる魔法」をかけるのだそうです。効くのは一瞬だけど、とりあえず一旦“じっとする”みたいですよ！

氷になる魔法
……………
ビビデー
バビデー
カキーン!!

あの手 この手

まるシール+はがき

少しの間集中できるよう、シールを持ち歩くというのはよく聞きますが、これは100均で売っているカラーの小さな「まるシール」と「無地のはがき」を持ち歩くというワザです。なるほど !!　シンプルさゆえに、貼り方や遊び方が無限に工夫できるので、結構長く遊んでくれるのだとか。すごい！

まるシール＋はがき
貼り方いろいろ!!
もくもく

おしずかにプリンセス♡

病院の待合室などで「今日はプリンセスになって待ちましょう」と伝えると、しばらくの間プリンセスになりきって、静かにお上品に過ごせるのだそうです。なんとかわいらしい！ そうすると、ママはお妃様!? 気品あふれるごっこ遊びですね。ちなみに男の子には「忍者になって忍び足……」のワザが人気でした。

おしずかにプリンセス♥
待合室では
おしずかにいたしましょ
はい
おかあさま✧

あの手 この手

新車パンフレット

SHIZUKANI

図鑑大好き兄弟のママから「図鑑よりも持ちがいいものが見つかった！」とワザを教えてもらいました。それが、大人向けの新車購入用パンフレットです（笑）。車にどんどん詳しくなり、走っている車のメーカーや車種を言い当てるまでになっているとか！

新車パンフレット

じーーー

大人向けパンフレット

しー!!

OSHOKUJI

あの手この手

何でものりでまく！

究極にシンプルなワザ！　おのり様様！　お米だけでなく、何でもかんでもまいてしまえ！　結構多くのキッズに効くワザのようですので、ぜひのりは大量に常備しましょう。

何でものりでまく!

ちょんちょんごはん

とにかくパサパサするものが苦手だという子におすすめ。どんな食材も「汁」に“ちょんちょん”とつけて食べさせる！　というワザです。“ちょんちょん”という音もかわいいので、食事も楽しい雰囲気になりますよ。

ちょんちょんごはん

あの手 この手

大人と一緒のカトラリー

子ども用ではなく、あえて大人と同じおはし、スプーン、フォークを使わせるというワザ。正直、大きくて使いづらそうなんだけど、嬉しそうによく食べる！のだそうです。たまにはよいかもですね♪

大人と一緒のカトラリー
ちょっと大きくても、同じだとごきげん!

あの手 この手

悲劇のヒロインママ

女優ばりに「ぐすん……、ママの料理はおいしくないってことなのね……。おいしいって言ってくれたら嬉しいなぁ」と演じると、息子2人には結構な確率で効く！とのこと（笑）。なんとかわいい息子くんたちでしょう！

OSHOKUJI

悲劇のヒロインママ

意外と効く(笑)

基本全て小盛り

少食な子におすすめのワザです。見た目で多そうだと、それだけで食が進まない子も、これなら食べられるかも？　と思うと、おはしが伸びるようです。完食できるとお互い嬉しいし、足りなければおかわりすれば、もったいない食べ残しも防げてよいことずくめ！

基本全て
小盛り。
これならたべれる!
完食体験を増やす!

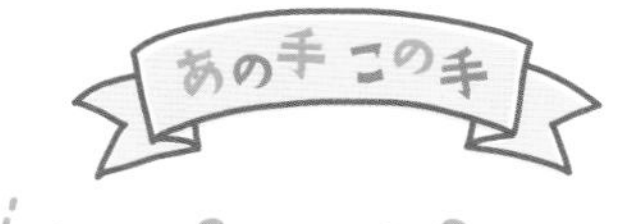

めっちゃきざむ！ とにかくきざむ！

ちょっと苦手なきゅうりやほうれん草など、緑の野菜類はひたすらきざんで、食べられるものにまぜる！　とにかく苦手なものが入っていることに気づかせない！　という、ママの苦労がうかがえるワザですね。みじん切りが簡単にできるグッズを投入すれば、より気軽にトライできるかも！

めっちゃきざむ!
とにかくきざむ!
きざんでまぜれば
たべる!!

うさぎさんカリカリ

にんじんをあえて茹でずに出して、うさぎさんの真似をしながらカリカリと食べるというワザ！　食感を楽しみながら野菜が食べられるなんてすばらしい！しかも調理要らずでママ、パパも大助かり〜。

うさぎさんカリカリ

おえかき ごはん

同じ食事でも、見た目が少し変わるだけで食べる！　なんてことが起こるのも、小さい頃ならでは。ケチャップやチョコペンなどでの定番のおえかきはもちろんですが、白いごはんをお皿にうすく敷いて、おかずでお顔をかくと食べる！　なんてワザもあるそうです～。

おえかきごはん

定番のオムライス＋ケチャップ や トースト＋チョコペン の他

ごはんをたいらに盛って おかずで絵をかく!!

など、可能性無限大！

お食事編

あの手この手

食レポ見ようっと！

OSHOKUJI

ダラダラ、ぐずぐずと全然食事が進まない時には「ユーチューバーごっこ」で気分を上げる！
「そうだ、ご飯をぺろりする動画見よう！　ピッ！」と言って、娘に向かって動画を再生する動作をすると……「今から、お味噌汁を飲むよ～！　次はお野菜食べるよ～！」とユーチューバーになりきって、食レポしながら楽しそうに食べていくのだそうです！

YouTubeの
食レポ見よっと！
はーい
たべてみましょー！
ピッ

あの手 この手

あと何口でゴール

半分くらいごはんが残っていて進まなくなった時に、あと何口（回）で食べ終わるかをわかりやすく可視化してあげるというワザ。ゴールが見えると食べやすいですよね！　大きくなっても結構使えますよ。

お食事編

あの手 この手

わりばし大好き

わりばしをわるのが大好き！　パキッとわって食べ始めると、テンションが上がるのか、食が進むそうです。わりばしが長いようなら、わる前に少し短く切ってから渡してあげるとよいです。

わりばし大好き

わるのが快感♡その後よくたべる。

ライバル心に火をつける

兄弟で競争心をあおるというワザです。どちらかがきれいに食べたらしっかりと褒める！　すると、僕だって僕だってと競い合いながら食べていく～！

ライバル心に火をつける

おにぎりのふしぎ

OSHOKUJI

白ごはんをお茶碗に盛った状態では、途中で飽きてしまう……。そんな時は途中でにぎにぎして、おにぎりに変身！　おにぎりに形を変えただけで一気に食べてくれるという、ふしぎなワザです。

おにぎりのふしぎ

はみがき

HAMIGAKI

あの手この手

おてほんにさせる

いつも遊んでいるぬいぐるみたちを並べ「さぁこれからちーちゃんが、おてほんになりますよー！　みんな、はみがき上手のちーちゃんをよーく見てくださいねー」と呼びかけを！　オーディエンスの力は使えますよ。

おてほんにさせる
ぬいぐるみたち
はーい
はみがき上手の
ちーちゃんですよ〜

あの手 この手

みがきあい

ママ・パパがやっていることを何でも一緒にやりたがるお年頃。自分も同じようにやらせてもらえるという譲歩で、素直に口を開けてくれました。容赦なくみがいてくるので「オエッ」とならないようにお気をつけて。

みがきあい
じょーずだねーんーんんー♪

実況中継

まるでスポーツ中継かのように、進捗状況を実況解説しながらみがくワザ。
「○○選手、みごとにゴールです !!」と締めくくりましょう。お互い達成感を味わえます。

実況中継
ただ今
奥をみがいて
おります!!
おーっと次は
前歯にきたーー!!
はるま選手、みごと
ゴール!!

タオルのまほう

タオルを顔にかぶせて、まほうをかけるだけ！　エンターテイメント性が高い上に、親は疲れない！　子どももしてやったり！　すぐにでも真似したいワザですね。

タオルのまほう
タオルをかぶせる
とったら、すーっごい大きな口になってたらどうしよう〜♪
3… 2… 1…
パッ
あ〜〜…
大成功

あの手 この手

パペットみがき

大好きなパペットに歯ブラシを持たせ、さもパペットがみがいているかのように行うワザ。小芝居が必要なので、やや面倒ですが、ご機嫌な感じで口を開いてくれる確率が上がり、ハッピー度が高いです。

あたしが
みがいて
あげる～
♪
キャッ
キャッ
パペットみがき

はみがきでんしゃ

HAMIGAKI

電車好き、のりもの好きのお子さんにはこちら！　歯ブラシを電車に見立てて、お口の駅に到着させるワザです。早く来てほしいのに、ぼくのお口に来てくれない……と最大限に“じらす”のがポイント、だそうです（笑）。

ガタンゴトーン
ガタンゴトーン
通過しまぁ〜〜す!!
はみがきでんしゃ
まだかな
まだかな

あの手 この手

はみがき屋さん

まるで美容院のごとく、丁寧な接客でみがくワザ。「はみがきいかがですか〜？」から始まり、はみがきジェルの味を選んでいただく「セレクトはみがき」のワザも織り込みながら行います。ごっこ遊びが大好きな子におすすめですよ。

はみがき屋さん

はみがき編

あの手 この手

ええ声みがき

HAMIGAKI

全力の "ええ声"を出しながらする仕上げみがき。あちらも真似したがって"ええ声"を出し始めたらしめたもの。ここぞとばかりに、一緒に"ええ声"出して、ストレス発散にも！

ええ声みがき
ああ〜あ ああ〜〜♪
え〜ええ〜 ええ〜え〜
あ〜あぁ〜

え〜〜……

ガオー
トイトレ
TOITORE

おふろからの大移動

おふろでおしっこしたくなるという、我が子の習性を生かして、おふろに入るときにおまるを持参！慣れてきたら、徐々に脱衣所、廊下、そして最終目標のトイレへと場所を変えていきます。

成功!!
おふろからの大移動
廊下
脱衣所
まずはおフロ

あの手 この手

ノーパンでうろうろ

1歳になるころにおもちゃとしておまるを与え、またがって遊ぶところからスタート。またがることが日常になったらお部屋をノーパンでうろうろ！　もよおしたら、速攻おまるへ！　とにもかくにもまずは成功体験をさせたい時にオススメ。

ノーパンでうろうろ

おまるは部屋に
常にセット!!

あの手この手

大歓声サポータープラン

おしっこやうんちが成功した時に、パパママ（いれば兄姉祖父母も！）がトイレの前で拍手と歓声で出迎える。家族が大勢いない時間の場合は、ママ一人でも、メガホンを持って盛り上げて応援。「出た――― !!!!」とワールドカップ並みにリアクションすると、かなりご満悦で成功率が上がるとか⁉

大歓声サポーター
プラン
出たあ〜〜〜〜!!

あこがれのおねえさんパンツ

好きな色やかわいいデザインを用意し“おねえさんパンツ”へのあこがれをひたすらに盛り上げる！後は思い切って、多少フライング気味でも、我が子を信じてパンツをはかせてしまいましょう！

あこがれの
おねえさんパンツ
ほら～早くはきたいね～～
かあいい～～い

あの手 この手

トイレール！

トイレ自体に行きたがらない子に向けて、大好きなおもちゃの電車でトイレを飾り付け！　おもちゃを壁に貼るというひと手間はかかりますが、これでトイレへ行きたがることまちがいなし（それぞれ大好きなおもちゃでお試しください。部屋からおもちゃが減って片付きます）！

トイレール!
ガタンゴトーン♪

あの手この手

うんちカレンダー

その日出たうんちの形を、カレンダーに描いてモチベーションを上げていくというワザ！　うんちの形を動物に例えたり（！）と、子どもは自分のうんちに愛着があるので、今日はどんなうんちか楽しみになるようです♪

今日は
こんなカタチ。
ワニさーん!!
うんちカレンダー
うんちカレンダー

オムツまだ〜？

TOITORE

せっかくパンツをはいていても、うんちをする時にオムツに替えたがる子に対して、「オムツとってくるから、トイレに座って待ってて」と伝え、じらしにじらしまくるワザ。「出ちゃうよー！」「今探してるから〜」「出ちゃったー……」で、大成功☆

ねぇ
オムツまだ～？
うんちしたい人
オムツ、はやく…
とってくるから待っててー！
今探してる～
出ちゃった

あの手 この手

ベンザウルス

便座に飾り付けをして、トイレ自体を子どもが大好きなモンスターに変身させるワザ！　ベンザウルスはうんちやおしっこを食べて大きくなるんだよ(!?)という設定のもと、ペットを飼う感覚で「ベンザウルスがおなかすかせてるよ～！」と誘います。

ベンザウルス
ガオー
貼る!
キャッ
キャッ
さあ
ベンザウルスが
おなかをすかせてるぞ!

じ〜〜〜♡
オモチャ

OFURO

あの手 この手

ミュージックバス

防水スピーカーで、子どもたちの大好きな曲をかけるワザ！ リビングで曲をかけ「さ、おふろでいくぞ～！」と移動すると、わたしも！ わたしも！とついてくる♪出る時は、スピーカーをもって先に脱衣所に。ききたくて一緒にあがってくれます。

ミュージックバス
さ、おふろで
音楽きこ〜♪
防水スピーカー

ぬぎぬぎカーニバル

OFURO

服を脱いではくしゃくしゃにして、「ポーーーイッ！」とハイテンションに服を投げる!! すると、娘も真似をして、すばやく服を脱ぎ、放り投げてスムーズにおふろへ！品位はありませんが、楽しく誘導できるワザです。

ぬぎぬぎカーニバル
ポーイッ
あたしもー!!
ミーーれ!!

あの手 この手

おふろへ直行！

OFURO

園から帰って来たら、そのまますぐに服をぬいでおふろへ、というのをルーティンにしてしまうワザ。最初は嫌がっていても、慣れてくると習慣に。先にごはんよりも、寝るまでの段取りがスムーズになるそうです！

おふろへ直行！
ただいま〜、ですぐぬいでおふろだ！
ハーイ！

おふろプール
はいろっか？

「おふろはいろっか！」にあまりノってこない子には、この魔法の言葉。『おふろプールはいろっか？』と言い方を変えただけで、おふろ=プールの等式が頭の中で成立！ ウソのようにスムーズに入るように！

よし、
おふろプールはいろっか?
!
プール

ふろあがり、一緒にカンパーイ!!

おふろあがりの一杯で一緒に乾杯しよう！　と誘う。
たっぷり汗をかいた後の一杯は、おとなも子どもも、
共通してうまい!!　一度そのうまさを知ってくれれば、
出た後のお楽しみを約束にするのもひとつのワザです。

ふろあがり、一緒に
カンパーイ!!
NONAL
ママはノンアルコール♡
ぼくはキッズドリンク☆

しゃぼん玉おふろ

OFURO

みんな大好きしゃぼん玉で、おふろで存分に遊ぶというワザ。水鉄砲との組み合わせで遊ぶなど、飽きないように工夫も。おふろはワイワイ遊べる楽しい時間という刷り込みも大事!?

しゃぼん玉
おふろ

ひろ～いおふろ

OFURO

もしも、お子さんが、おふろの狭い空間をこわがっていたらお試しいただきたいワザ。実はこれ、我が家の話なんですが、おふろのドアも脱衣所のドアも全開にし「ほら、ぜーんぶつながって、広いおふろになったからこわくないよ！」とやってみたら、入れるようになりました（冬はけっこう寒いので風邪をひかないように気をつけて）！

ほーら
こわく
なーい!!
あけっぱなし〜!
ひろ〜いおふろ

あの手 この手

おふろでアイス

OFURO

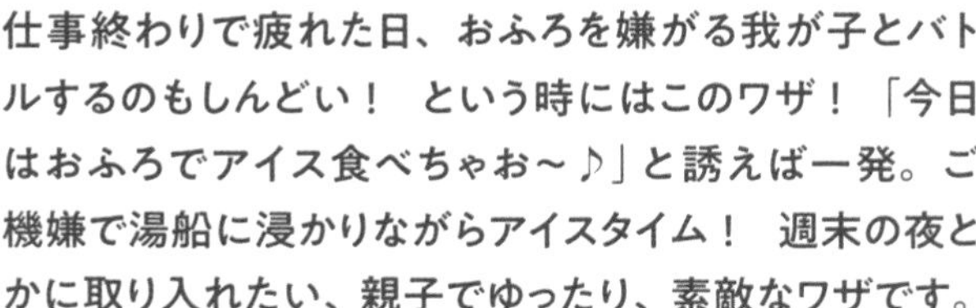

仕事終わりで疲れた日、おふろを嫌がる我が子とバトルするのもしんどい！　という時にはこのワザ！「今日はおふろでアイス食べちゃお～♪」と誘えば一発。ご機嫌で湯船に浸かりながらアイスタイム！　週末の夜とかに取り入れたい、親子でゆったり、素敵なワザです。

おふろでアイス
一週間
おつかれさま〜!

おやすみ

OYASUMI

あの手この手

ママ枕

寝る時に咳が出やすい子を、ママのおなかを枕にして寝かせるというワザ。こうすると、ちょうど咳の出にくい角度になるようで、それがわかって以来おなかの上に頭をのせると安心して寝るのだそうです。おなかの音は胎児の頃に聞いているから安心するという話もありますし、これは効くかもしれませんよ(ちょっと重いですけどね)。

ママ枕…
お、ねた
スー
スー

一緒に布団まきまき

こちらは、子どもが怖くて寝つけないという時にあみ出したワザ。並んで1つの布団に入り、布団の両端をお尻の下に入れ込み、2人で春巻きのような状態になって寝る。ぴったりとくっついている状態が安心するようです。新生児時代のおくるみの効果と似ている !?

一緒に布団まきまき
ぴったりー

きょう物語

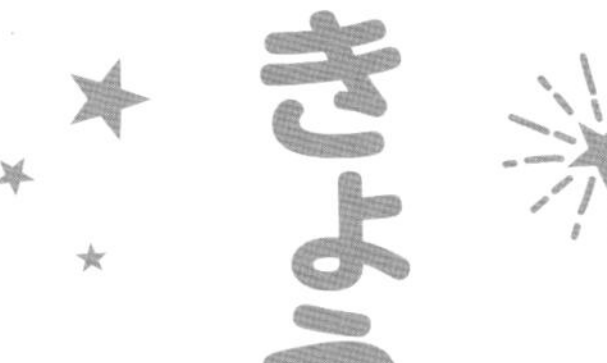

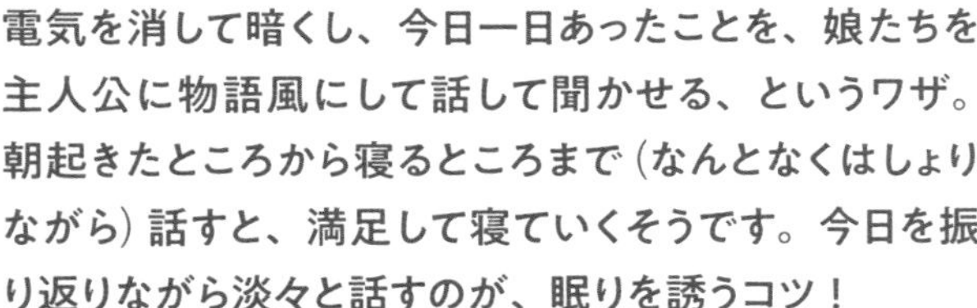

電気を消して暗くし、今日一日あったことを、娘たちを主人公に物語風にして話して聞かせる、というワザ。朝起きたところから寝るところまで（なんとなくはしょりながら）話すと、満足して寝ていくそうです。今日を振り返りながら淡々と話すのが、眠りを誘うコツ！

今日は雨がふっていました。あおちゃんと
ここちゃんは、お気に入りのカサを持って
保育園に行きました。行く途中で大きな
水たまりがあって、あおちゃんは…

きょう物語

一緒になでなで

「ねんね～、ねんね～」と言いながらぬいぐるみをなでていると、子どももぬいぐるみを一緒になではじめ、いつのまにか布団にコロコロと転がりだす、というワザ。そのまま静かに一緒になでなでしていると寝入っていくという、なんともコスパのよいワザです。

一緒になでなで
ねんねー
ねんねー
ねー…

影絵シアター

枕元の照明で映る影で遊んでから寝るというワザ。薄暗い中、落ち着いた声で遊んでいると、自然と眠くなるようです。ゆらゆらと動く影を見ていると、親のほうが眠くなる〜……。

影絵シアター

テレビ・ゲーム
スマホ
TV・GAME・SMARTPHONE

あの手 この手

一緒に見て実況中継！

TV・GAME・SMARTPHONE

我が家にとっても「一緒に見る」ことはできる限りしたいなと思っていることのひとつです。ただ子どもだけに見せて放っておくのではなく、一緒に見ながら解説をしたり、実況したり、感想を言い合ったりと、コミュニケーションしながら見られるといいですよね！

さー2回目の挑戦
はたしてうまく
いくのか〜〜!!!
ドキ
ドキ
一緒に見て
実況中継!

見終わったら教えて

一緒に見られない時も多いので、そんな時は「見終わったらママに内容を教えてね」と伝えてから見せるワザはいかがでしょう？　言葉で一生懸命、内容や感想を伝えようとしてくれるので、その後の会話につながるのだとか！

見終わったら教えて
どんなお話だったか
ハーイ
あとで教えてね!
○○と△△がチームになってね□□をさがすぞー!って....
へー!

あの手 この手

カメラはいいよ！

その辺にスマホを置いていると、子どもに勝手にさわられてしまうというお悩みから、「カメラ」だけは自由にさわってよし！　と解禁したそうです。子どもたちはカメラを自由に使わせてもらえて満足。後から見たママも、子どもたちが何を撮ったのか見て癒やされる♪という、素敵なワザです。

カメラはいいよ!
ハーイ
カメラだけよー
子ども目線の
写真の数々に
癒やされる〜♪

あの手 この手

時間を可視化

子どもが読める時計や、残り時間が色でわかるタイマーなどを活用し、見られる時間が後どのくらいかを目で見てわからせるというワザです。時間や時計のお勉強も始めたい時期なので、子ども専用の物を用意するのはオススメですよ（うちも使っています）！

時間を可視化
今から20分
色がなくなったら
おわりだよ！

あの手 この手

おさんぽ系ゲームのみOK

外に出ておさんぽしないとできない「位置情報ゲーム」（スマホのGPS機能を使ったゲーム）のみOKするというワザです。外に行かないとできないので、やる時間を制限でき、体も動かせる。ついていく自分もウォーキングで運動できる！　ということで、お互いハッピー☆

おさんぽ系ゲームのみOK
つぎはこうえんいこー!
ママはウォーキング♪
みっけ!

あの手 この手

全力ダンス！

動画などを見せる時は、なるべく子どもが1人でネット世界に入りこまないように……一緒に全力でダンス！　元気な時にしかできないそうですが、ダイエットを兼ねて、一緒に踊れるコンテンツを探して見せるとのこと。ママお疲れさまです !!

全力のダンス！
ダイエットじゃー!!

ブラボー
ワザあり!!
いやぁ～いろんなワザがありましたねぇ！
育児ってなんてクリエイティブなんだろう……と改めて思いました
親も楽しみながら！のワザ
ママもパパもエンターテイナー！
コスパと汎用性大事！
極限までラクして効果を得るワザ
シャッ
で、いつもはどうしてんの？
みんなの工夫（苦労!?）が詰まってましたね～
ま～、とはいえね……
いくら手をつくしても効かない時は効かない!!!
何もかもイヤなぼく
そもそもあの手この手をくり出す気力も体力も残ってない!!!
あり余るパワー
というのもリアル！
ははは～

ま、最終的にはつべこべ言わずにはがいじめにして終わりよ……♡
問答無用!!
それ今だ!!
あるママ
だよね――
いたしかたなし。
そんな日もある
イヤイヤ
あの大波を越えて、今だから思う……
育児はずっと進んでは戻っての繰り返し……
4歳でこんなゴーカイに……
スゴイスゴイ!
でたー
成長に喜びじーんとしたかと思えば、赤ちゃんに戻っちゃった!?と思うことも……

うまくいく日と
どうにもならない日と
あって当たり前。
提案
何をやっても立ちゆかない……そんな日はどうか無理せず諦めちゃいましょうー!!

親だって
もお〜〜ママだって泣きたいわあ〜〜!!
イヤイヤする日があってもいい☆

むちゃくちゃする我が子をひたすらおもしろがっちゃう日があってもいい☆
じーー
なんで豆腐を出しつづけるんだ??

今日はおねーちゃんえらかったね
ママ、今日はキツく言ってゴメンね
みんな、一緒だよね……!
へやぐちゃぐちゃだけど、もーいいや……

ドキドキドキ
大波に、
一人で小舟で
漕ぎ出すのは
心細いけど……
みんなで
乗り出せば
きっとなんとか
なるさ!!
みんなの
あの手☆この手号
この本のワザが
ひとつでも、あなたの
今日のヒントに……
いや、気分転換にでも!
なったら
うれしいです☆
原あいみ

おわりに

情熱的にイヤイヤ期を謳歌していた娘は、小学生になりました。
生きるためのお世話をしていた「育児」から、教育的な意味も含めた「子育て」へと変わり、周りでは受験の話も出始め、
時の早さを感じずにはいられません。
最後の漫画で「育児はずっと進んでは戻ってのくり返し」と書きましたが……
なんと、**それは今でも変わらず、ずっと一緒です！**

そういえば、娘が2歳、3歳の頃も、
立ちゆかなくなるほどの激しいイヤイヤで苦労した後は、
突然何かができるようになったりして、**ぐっと成長してびっくり！**
なんてこともたくさんあったなと思い出します。
なので、しんどい時は、**この後「ジャンプ！」が待ってるんだな、と思うようにしていました。**
（いつジャンプが来るんだよぉ～……って時もありましたけどね。）

小学生になった今も、すごく大人びたことを
言い出したぞ、と思う日もあれば、
あれ？　未就学児に戻っちゃった？　と思うような日も。

色々決めたはずの生活のルールを守れなくて、
イライラしてしまうこともありますが、
そんな時は、成長と後退をくり返している最中なんだなと、
いい意味で、上手に〝諦め〟ながら、
かわいい、かわいいちっちゃい頃の娘が、**期間限定で戻ってきた**
ボーナスタイムかな!?　なぁんて切りかえて、
焦らず行こうかなと思っています。

最後になりましたが、
ワザのヒントをくれた、私のリアルなママ・パパ友だちのみなさん、
同じく〝ママ友〟としてアイディアをくださった編集担当さん、
愉快なあの手この手の数々を、本当にありがとうございました!!

たくさんの、奮闘する親子のイラストを描きながら、
どれもみんな、なんて幸せなワンシーンだろうと、
私自身が一番ほっこりさせてもらいました。

この本が、今まさに、育児に奮闘しているみなさんにとって
ほんの少しでもお役に立てれば嬉しいです。

原あいみ

ほっこり みんなの 育児ワザ大全

2023年11月22日　第1刷発行

原あいみ　作

デザイン●primary inc.,

発行者●森田浩章

発行所●株式会社　講談社
〒112-8001
東京都文京区音羽2-12-21
電話●出版　03-5395-3494
販売　03-5395-3625
業務　03-5395-3603

印刷●図書印刷株式会社

製本●大口製本印刷株式会社

協力●京田クリエーション　ママパパ社員のみなさん
原あいみのママ友だちのみなさん
編集担当　芦田さん　上遠野さん

※本書は「WEBげんき」の連載を加筆修正し、
単行本としてまとめたものです。

192p 17㎝ N.D.C.726

Printed in Japan
ISBN978-4-06-533575-8